Einführung

Was ist Zen? Es ist die Ein- und Ausatmung und die Pause dazwischen.
Es ist das alltägliche, normale Leben.

Wir sind darauf konditioniert, den spektakulären Momenten in unserem Alltag hinterherzujagen. Wir lechzen nach dem Außergewöhnlichen, wir suchen nach dem Speziellen und vergessen dabei die Tatsache, dass das Leben weder nur aus Höhepunkten noch ausschließlich aus Tiefschlägen besteht. Die meiste Zeit unseres Daseins verbringen wir zwischen beiden Extremen, nämlich in der Mitte.

Doch genau diese Erkenntnis scheint die meisten von uns nicht glücklich zu machen und zufriedenzustellen. Im Gegenteil, wir fühlen uns leer und gelangweilt. Wie »Junkies« sind wir fortwährend auf der Suche nach dem nächsten Kick, der uns aus unserem tristen Alltag in die farbenfrohe Welt der Abwechslung, der Verführung und der Ablenkung katapultiert.

Die Lehre des Zen hingegen bemüht sich, gerade dem Alltäglichen, dem Gewöhnlichen, den Wiederholungen die größtmögliche Achtsamkeit und Bedeutung zu schenken. Denn wie wir eine Situation bewerten und empfinden, hängt ganz entscheidend von der Art und Weise unserer Wahrnehmung und der Fähigkeit ab, wie wir mit der Situation umgehen beziehungsweise wie wir sie in unser Leben integrieren können.

Der berühmte japanische Zen-Meister Dōgen, der Zen im 13. Jahrhundert nach Japan brachte, sagte einst treffend: »Zen zu praktizieren bedeutet, sich selbst kennenzulernen. Sich selbst kennenzulernen bedeutet, sich selbst zu vergessen. Sich selbst zu vergessen bedeutet, zu seiner ursprünglichen Natur, zu seinem wahren Selbst, zurückzufinden.«

Zen zeichnet sich ursprünglich durch eine spontane, lebensnahe und authentische Unterrichtsform aus. Doch wage ich zu behaupten, dass eine gewisse Lebendigkeit und Ursprünglichkeit über die Jahrhunderte verloren gegangen ist. Das Chan (jap. Zen) aus China war bekannt für seine direkte, unbekümmerte, natürliche und heitere Ausdrucksweise. Das Zen aus Japan gilt seit jeher als zurückhaltender, strenger, dogmatischer und kontrollierter.

Es ist mir ein tiefes Anliegen, allen interessierten Menschen die Lehre des Zen auf eine einfache und leicht verständliche Art und Weise zugänglich zu machen und ihnen zu zeigen, wie sie den Weg des Zen auch im Alltag umsetzen können. Mit diesem Kartenset halten Sie die wichtigsten Begriffe und Übungen in den Händen, die diesen einzigartigen Weg, den Zen-Weg, ausmachen. Mit ihnen können Sie sich mit dem eigenen Wesen und dem Leben allgemein auseinandersetzen. Denn der Geist des Zen hat die Kraft, alles zu erleuchten. Verschiedene Piktogramme auf den Karten werden Sie begleiten. Durch dieses Geleit erhalten Sie die Möglichkeit, entweder selbstständig einzelne Bereiche zu bearbeiten oder ganze Übungsreihen nach Ihren Bedürfnissen und Wünschen zusammenzustellen.

Mein Ziel ist es, Sie auf Ihrer Zen-Reise als stille Begleiterin zu führen. Ich wünsche mir, dass Sie sich durch die Übungen, Auslegungen und Unterweisungen angesprochen fühlen und den größtmöglichen Nutzen für sich und Ihr Umfeld erzielen. Mögen Ihre Wünsche in Erfüllung gehen. Und denken Sie daran: Erleuchtung ist immer möglich, weshalb nicht schon zum Frühstück?

Die Kernbotschaft des historischen Buddhas Shakyamuni, auf die sich auch die Lehre des Zen bezieht, lautet: Es ist jedem Menschen möglich, die Buddhaschaft zu erlangen. Die Buddha-Natur zu erkennen bedeutet, die Erleuchtung der wahren Natur, des wahren Wesens und des grenzenlosen Potenzials des Lebens und des Universums wiederzuentdecken.

Buddha erklärte seinen Schülerinnen und Schülern immer wieder, wie wichtig es sei, sich nicht nur auf die Worte, sondern auf den Sinn, der ihnen innewohnt, also ihre Bedeutung, zu verlassen. Er forderte seine Schülerinnen und Schüler dazu auf, ihren eigenen Weg zu gehen, zu hinterfragen und auszuprobieren, damit sie die Wahrheit selbst erkennen. Er verwies darauf, dass jedem Wesen die Buddha-Natur bereits inhärent ist.

Schöpfen Sie also Vertrauen, dass bereits alles in Ihnen vorhanden ist, was Sie zu Ihrem Glück brauchen. Entdecken Sie die innere Kraft, die dieses Potenzial zum Leuchten bringt. Öffnen Sie sich für die Erkenntnis des Augenblicks. Verändern Sie Ihr Leben, indem Sie Ihr Denken, Fühlen und Handeln verändern. Beherztheit, Freude, Achtsamkeit und Gelassenheit sollen

Ihre Wegbegleiter sein. Werden Sie Ihre eigene Meisterin bzw. Ihr eigener Meister, und meistern Sie Ihren Lebensweg. Zen ist die Begegnung mit dem Augenblick!

Ich wünsche Ihnen von Herzen viel Inspiration und Freude!

Herzlichst
Sandy Taikyu Kuhn Shimu

Aufbau des Kartensets und Piktogramme im Überblick

Das Kartenset beinhaltet 108 Karten, auf denen verschiedene Piktogramme abgebildet sind. 54 Karten befassen sich mit den theoretischen Aspekten der Zen-Lehre.

Diese **Teisho-Karten** erkennen Sie am Piktogramm des **Zen-Kreises** (Enso). Der Enso ist ein typisches Symbol aus dem Zen und hat eine tiefe Bedeutung. Der Kreis symbolisiert die wahre Wirklichkeit, das Absolute und die Erleuchtung. Zudem verkörpert er die Leerheit und die Vollendung.

Der Zen-Kreis zeigt Ihnen an, dass es sich bei dieser Karte um eine Kernaussage des Zen handelt. Die kurze Botschaft bringt das Thema, dessen Kernwort auf der Karte farbig hervorgehoben ist, auf den Punkt und stellt eine kurze Lehrrede (Teisho) dar.

Die **anderen 54 Karten** fordern Sie zu unterschiedlichen Übungen für Ihre Praxis auf. Experimentieren Sie, und versuchen Sie, spielerisch und mit Ihrem Anfängergeist, das heißt offen, wertfrei, spontan, natürlich und unvoreingenommen, an die Aufgaben heranzugehen, auch wenn Ihnen einzelne Übungen zu Beginn vielleicht etwas fremd oder abwegig erscheinen. Die Übungen stützen sich auf die theoretischen Inhalte und lassen Theorie und Praxis zu einem großen Ganzen verschmelzen. Denn Wissen allein nützt nichts. Erst die konkrete Anwendung, die bewusste Auseinandersetzung und die Erfahrung lassen das Wissen zur gelebten Weisheit werden.

Zen lebt von der Integration in das Leben. Zen ist Leben. Reflektieren Sie jeweils am Ende des Tages über das, was Sie erlebt und erfahren haben und wie Sie sich dann fühlen!
Sie werden schnell die Erfahrung machen, dass es sich lohnt!

In der Geschichte des Zen haben sich Begriffe etabliert, die einen bestimmten Vorgang beschreiben. Diese Rituale vermitteln Klarheit und Struktur und sind etwas sehr Wertvolles auf dem spirituellen Weg.

Wenn Sie eine Übung für die Meditation suchen, halten Sie nach der chinesischen Kalligrafie für »Zen« Ausschau. Möchten Sie lieber ein Rätsel lösen, orientieren Sie sich an der Glühbirne. Wünschen Sie sich eine Möglichkeit, Zen in Ihren Alltag zu integrieren, wählen Sie die Karten mit dem Besen.

Teisho ist ein Vortrag, der sich mit den theoretischen Inhalten der Zen-Lehre befasst und von einer Zen-Lehrerin oder einem Zen-Lehrer gehalten wird. In diesem Kartenset finden Sie 54 Karten mit dem Inhalt der Zen-Theorie in Form von kurzen Lehrreden.

Koan ist eine Aufgabe, ein Rätsel, das die Zen-Lehrerin oder der Zen-Lehrer dem Schüler zum geistigen Training aufgibt. Mit den Karten erhalten Sie eine Übung, die Sie näher an den Kern des Wesentlichen heranbringt. Das Lösen dieser Aufgaben benötigt Zeit. Lassen Sie sich also nicht aus der Ruhe bringen, und bleiben Sie an der Sache dran.

Samu bezeichnet die achtsam ausgeführte Arbeit im Alltag, das konzentrierte Tun im Hier und Jetzt. Jede Tätigkeit wird mit großer Geistesgegenwart verrichtet. Mit Samu, der Achtsamkeitspraxis des Zen, kultiviert man den Zen-Geist im Alltag. Diese praktischen Übungen zeigen Ihnen den Aspekt des Zen im täglichen Leben auf und helfen Ihnen dabei, die Einsichten und Erkenntnisse, die Sie in der Meditation, während der Übungen oder ganz allgemein im Zen-Training erfahren haben, in Ihrem Alltag umzusetzen.

Sarei ist das formelle Trinken von Grünem Tee. Mit diesen Karten halte ich Sie jeweils dazu an, eine Tasse Grünen Tee zu trinken und eine kleine Aufgabe zu absolvieren.

禪

Zazen bedeutet Sitzmeditation oder Sitzen in Stille. Mit diesem Zeichen fordere ich Sie dazu auf, entweder in Ruhe zu meditieren, oder ich gebe Ihnen zusätzlich eine geistige Übung auf, die Sie während Zazen durchführen. Suchen Sie für Ihre Meditation einen Ort der Stille auf. Achten Sie darauf, dass Sie während der Meditation nicht gestört oder abgelenkt werden, und nehmen Sie Ihre bevorzugte Meditationshaltung ein.

Zen-Übungen sollen Ihnen dabei helfen, sich selbst zu beobachten, zu reflektieren, zu analysieren und zu korrigieren. Ich habe Ihnen mit diesen Karten unter anderem Fragen gestellt und Sie zu verschiedenen Übungen und Aufgaben motiviert. Durch die Anwendung der Zen-Lehre auf körperlicher und geistiger Ebene vertieft sich Ihr Wissen. Es fällt Ihnen dann leichter, auch im Alltag die richtigen, heilsamen und positiven Entscheidungen für sich und andere zu treffen.

Anwendung der 54 Teisho-Karten

Wenn Sie eine Teisho-Karte mit einer kurzen Lehrrede gezogen haben, können Sie diese Karte auf unterschiedliche Weise anwenden. Es ist sogar ratsam und sinnvoll, wenn Sie sich (abhängig von Ihrer Lebenssituation) mit einem Thema über einen längeren Zeitraum beschäftigen.

Je bewusster, achtsamer, ernsthafter und gründlicher Sie sich mit dem jeweiligen Inhalt auseinandersetzen, desto tief greifender werden sich Ihr Leben und das Leben aller Menschen verändern!

Die gezogene Karte kann Ihnen als **Begleiter durch den Tag** dienen. Welche Kernbotschaft zeigt sich Ihnen? Reflektieren Sie darüber, in welchem Zusammenhang Sie zu ihr stehen. Nehmen Sie die Botschaft der Karte mit in Ihren Alltag, und versuchen Sie, die Botschaft bewusst zu leben. Denken, handeln und fühlen Sie nach diesem Fingerzeig.

Sehen Sie die Karte als **Unterstützung in der Meditation** an. Die Aussage der Karte ist dabei Hinweis oder Hilfsmittel für Ihre Meditation. Reflektieren Sie über diese Aussage. Versuchen Sie, die Botschaft nicht nur mit Ihrem Geist zu untersuchen, sondern fühlen Sie sie auch in Ihrem Herzen.

Im Zen benutzen wir den Begriff Herz-Geist. Nehmen Sie die Essenz mit Ihrem ganzen Wesen auf, und integrieren Sie die gewonnenen Erkenntnisse in Ihr Leben.

Nutzen Sie die Karte als Möglichkeit, **Ihre Wahrnehmung zu schulen.** Setzen Sie sich mit der Aussage wie folgt auseinander:

1. Beobachten Sie sich im Alltag im Umgang mit sich selbst, Ihrer Umwelt und Ihren Mitmenschen.

2. Analysieren Sie, ob und wie nachhaltig Sie die Botschaft der Karte bereits in die Tat umsetzen.

3. Korrigieren Sie sich, wenn Sie merken, dass dafür noch Raum ist.

Sie können die Karte auch als **Hilfsmittel zur Rezitation** ansehen. Begeben Sie sich in die Stille oder auf einen ruhigen Spaziergang an der frischen Luft, und rezitieren Sie immer nur das hervorgehobene Wort der Teisho-Karte. Nutzen Sie, wenn Sie mögen, eine Mala, also eine Gebetskette mit üblicherweise 108 Perlen. Lassen Sie jedes Mal, wenn Sie zum Beispiel das Wort Liebe rezitieren, eine Perle durch Ihre Finger gleiten. Es steht Ihnen vollkommen frei, ob Sie das Wort gedanklich, leise und flüsternd oder laut und kräftig wiederholen. Manche Menschen schätzen es, das Mantra, also das entsprechende Wort der Kraft, singend zu rezitieren.

Bei der Rezitation des hervorgehobenen Wortes möchten Sie immer die positive Eigenschaft, kraftvolle Energie und stärkende Schwingung des Wortes nutzen. Das bedeutet, dass Sie folgende Wörter bei der Rezitation ersetzen:

Leiden – zu Annehmen oder Loslassen
Gier und Sucht – zu Großzügigkeit oder Hilfsbereitschaft
Hass und Wut – zu Entschlossenheit
Unwissenheit oder Verblendung – zu Einsicht, Klarheit oder Weisheit
Zweifel – zu Vertrauen
Trägheit – zu Bewegung, im Fluss sein
Ich – zu Buddha-Natur, wahres Wesen, wahre Natur

Die Karte kann Ihnen auch als **Anregung für eine Philosophierunde** dienen. Nutzen Sie die Lehrbotschaft dazu, sich mit Ihren Freundinnen, Ihren Freunden, Ihrem Partner, Ihrer Partnerin oder Ihrer Familie darüber auszutauschen.

Planen Sie für diese Philosophierunde ausreichend Zeit ein, in der sich alle ganz bewusst nur auf das eine Thema konzentrieren. Servieren Sie dabei zum Beispiel eine Tasse Tee, lassen Sie entspannende Musik im Hintergrund erklingen, zünden Sie eine Kerze an, und brennen Sie etwas Räucherwerk ab.

Anwendung der 54 Sarei-, Koan-, Zazen-, Samu- und Zen-Übungs-Karten

Diese Karten können Sie auf zwei unterschiedliche Weisen anwenden. Suchen Sie sich themenspezifisch, das heißt ganz bewusst, eine Karte aus. Dazu müssen Sie die Karten nach den Piktogrammen sortieren und erhalten sechs Stapel. Oder Sie teilen die Karten in zwei Stapel auf. Der erste Stapel enthält alle Karten zum theoretischen Aspekt der Zen-Lehre (die Teisho-Karten). Auf den anderen Stapel legen Sie alle anderen Karten; es sind all die Karten, die der praktischen Übung dienen. Mischen Sie die beiden Stapel durch, und ziehen Sie »zufällig« eine Karte aus einem Stapel.

Ich empfehle Ihnen, beide Möglichkeiten auszuprobieren und mit ihnen zu arbeiten, denn der menschliche Geist neigt dazu, gewissen Situationen, Umständen oder Aufgaben auszuweichen und sich vorwiegend mit den »angenehmen« Übungen zu befassen. Gerade aber in der Auflösung innerer Widerstände entstehen wahre Freiheit und tiefer Frieden, was sich auch im Umgang mit der äußeren Welt zeigt.

Versuchen Sie deshalb, gerade bei den Karten, die in Ihnen Unbehagen, Ablehnung oder Unverständnis hervorrufen, das große Potenzial zum Wachstum zu erkennen. Weichen Sie nicht aus, und stellen Sie sich den Aufgaben. Verurteilen und bewerten Sie nicht. Tun Sie einfach! Das ist Zen. Das ist das Leben.

Selbstverständlich können Sie auch ganz einfach alle 108 Karten mischen und jeden Tag eine neue Karte ziehen. Auf diese Weise schenken Sie sich eine Inspiration, einen Impuls oder einen Wegbegleiter für den Alltag.

Die Zahl 108

Im Buddhismus gilt die Zahl 108 als etwas Besonderes. Manche Traditionen sprechen sogar von der Heiligen Zahl. Im Zen geht man von sechs menschlichen Sinnen aus: dem Sehen, dem Hören, dem Riechen, dem Fühlen, dem Schmecken und dem Denken. Jeder dieser Sinne kann mit den drei Gefühlen verbunden werden: dem angenehmen Gefühl, dem unangenehmen Gefühl und dem neutralen Gefühl.

Jede dieser 18 Sinn-Gefühl-Kombination kann nun anhaften oder nicht anhaften und sich in den drei Zeiten manifestieren: der Gegenwart, der Vergangenheit oder der Zukunft.

Das bedeutet:
6 Sinne x 3 Gefühle x 2 Wirkungen x 3 Zeiten = 108.

Man unterscheidet in den verschiedenen buddhistischen Lehren zum Beispiel auch zwischen 108 Meditationen. Außerdem sollen die Lehren Buddhas in 108 Bänden zusammengefasst worden sein. Die buddhistische Gebetskette (sanskrit Mala oder jap. Juzu) besteht üblicherweise aus 108 Perlen. Ein Mantra, ein Wort der Kraft, wird normalerweise 108-mal wiederholt. Zum neuen Jahr wird in buddhistischen Tempeln die Glocke 108-mal angeschlagen. Auf diese Weise werden die bösen Eigenschaften der Menschen vertrieben.

Wie Sie sehen, wird die Zahl 108 in vielen philosophischen und spirituellen Zusammenhängen verwendet, und so erschien es mir naheliegend, ein Set mit 108 Karten zu kreieren.

Zen im Alltag

Zen im Alltag

Der Zen-Weg ist ein Pfad, auf dem Sie wahres Glück, Freude und inneren Frieden erfahren können. Die Philosophie des Zen bietet Ihnen praktische und theoretische Hilfsmittel und Methoden an, mit denen Sie den Zustand der Befreiung entdecken und Erleuchtung erlangen können. Zen ist eine Lebensform und eine Lebenskunst. Dem Zen-Praktizierenden geht es darum, sein wahres Selbst, seine wahre Natur, zu enthüllen und die zugrunde liegenden Prinzipien des Universums zu verstehen.

Es geht um die Klärung der drei Sinnfragen des Lebens: **Woher komme ich? Wer bin ich? Wohin gehe ich?**

Zen ist Leben im Einklang mit sich selbst und der Welt – natürlich, frei und absichtslos. Die geistige Haltung des Zen, der Herz-Geist, zeigt sich in jeder Handlung. Durch die Schulung von Ethik, Sittlichkeit, Meditation, Achtsamkeit, Einsicht und Weisheit werden die Qualitäten gefördert, die zur Erlangung der Buddha-Natur unerlässlich sind. Doch erst die Überwindung aller Konzepte, das Loslassen der dualistischen Betrachtungsweise, das Aufgeben von Erwartungen und Meinungen führt Sie letztlich zur absoluten Befreiung.

Denken Sie daran: Der Alltag ist Ihr Übungs- und Wirkungsfeld. Wie sonst könnten Sie den Weg der Befreiung beschreiten, wenn nicht dort, wo Sie gerade sind, und mit dem, was Sie gerade tun? Das ist Zen!

Schlusswort

Mit Ihrer Wahrnehmung erheben sich Ihre Gedanken. Mit Ihren Gedanken erheben sich Ihre Gefühle. Mit Ihren Gefühlen erheben sich Ihre Handlungen. Mit Ihren Handlungen erheben sich alle Dinge und alle Probleme. Ihre Gedanken sind Energie. Die Kraft, die aus der Energie Ihrer Gedanken hervorgeht, lässt Ihre materielle Welt entstehen. Seien Sie achtsam, was Sie denken – es könnte in Erfüllung gehen!

Möge dieses Kartenset den Weg zu Ihrem Herzen und zu Ihrem Geist finden. Lassen Sie uns die spirituelle Brücke von Herz zu Herz und von Geist zu Geist schlagen. Jetzt!

Danksagung

Ich danke von ganzem Herzen allen Menschen, die bewusst und unbewusst dazu beigetragen haben, dass dieses Kartenset entstanden ist, allen voran dem Künstler Davor Schlatter, der die Piktogramme gezeichnet hat. Mögen alle Wesen glücklich und zufrieden sein. Die Handflächen zusammengelegt, den Kopf geneigt – Zen ist Dankbarkeit.

Die Autorin

Sandy Taikyu Kuhn Shimu ist Kampfkunstlehrerin, Zen-Buddhistin, Autorin sowie Gründerin und Leiterin der WU LIN Organisation. Seit 1993 beschäftigt sie sich mit asiatischer Philosophie, Lebens- und Kampfkunst. Ihr Wissen und ihre Erfahrungen vermittelt sie im täglichen Unterricht ihren Schülerinnen und Schülern.

Weitere Informationen zur Tätigkeit der Autorin finden Sie unter:
www.wulin.ch | www.wulintempel.ch
shimu@wulin.ch

Weitere Titel der Autorin erschienen im Schirner Verlag:

Erleuchtung zum Frühstück
Nimm dir Zeit zum Leben –
Achtsamkeit im Alltag
ISBN 978-3-8434-1078-6

Wenn Kirschblüten fallen
Impulse, die den Geist beflügeln
ISBN 978-3-8434-1056-4

CD: **Wenn Kirschblüten fallen**
Geführte Meditationen, die den
Geist befreien
ISBN 978-3-8434-8204-2

Mit Buddha Tee trinken
Eine Einführung in die chinesische Teezeremonie
ISBN 978-3-8434-1033-5

Erwecke den Krieger in dir
Das WU LIN-Prinzip
ISBN 978-3-8434-1057-1

Im Angesicht des Todes – und jetzt?
Ein Übungsbuch zur Integration und Akzeptanz des Unvermeidlichen
ISBN 978-3-8434-1079-3

CD: **Im Angesicht des Todes – und jetzt?**
Geführte Meditationen zum Vergeben, Heilen und Loslassen
ISBN 978-3-8434-8221-9

Schirner Verlag

Schirner Verlag

Anleitung zu den Karten

Sandy Taikyu Kuhn Shimu

Erleuchtung

zum Frühstück

Zen im Alltag

ISBN 978-3-8434-9029-0

Sandy Taikyu Kuhn Shimu:
Erleuchtung zum Frühstück
Zen im Alltag

Umschlag & Satz der Karten und der Anleitung:
Silja Bernspitz, aprilfrisches
unter Verwendung von # 31451427 (cleomiu)
www.fotolia.de
Redaktion: Katja Hiller, Schirner
Printed by: OURDASdruckt!, Celle, Germany

www.schirner.com

1. Auflage September 2012